Rafael Franco

Nuevos Versos... La Misma Poesía

Rafael Franco

Nuevos Versos... La Misma Poesía

JustFiction Edition

Imprint

Cover image: www.ingimage.com

Publisher:
JustFiction! Edition
is a trademark of
International Book Market Service Ltd., member of OmniScriptum Publishing Group
17 Meldrum Street, Beau Bassin 71504, Mauritius
Printed at: see last page
ISBN: 978-613-7-38732-0

NUEVOS VERSOS…
LA MISMA POESÍA

Rafael Franco

Prólogo

Que grata sorpresa encontrarme de nuevo con un puñado de versos, de esos que nos hacen detener por un momento y sopesar el comportamiento humano.

Palabras que cuestionan, que acusan, que reclaman; versos que denuncian y desnudan realidades.

No falta el verso romántico, que canta al amor lejano, al inalcanzable, al añorado; al que nos motiva y nos despierta al alba.

Los versos que Rafael Franco nos convida ahora, son versos frescos, de una vivencia vieja, perenne quizás, añeja como el hombre, innata a su existencia.

Desde su sencillez de verdes bosques tropicales, Rafael nos brinda este tejido de palabras que se enredan como el bejuco al matapalo para ir formando
la frase, la estrofa; el follaje del poema. Con él, cual lanza en hiesta arremete contra el sistema, guerrea sus batallas, batalla sus quimeras.

Un poema siempre nos abre horizontes... a veces muy interiores, muy alma adentro. Hoy, tengo la distinción de presentar estos poemas y hacer de usted, lector(a), el depositario de una realidad humana, de una vivencia traducida a verso, que el poeta nos quiere compartir.

Patricio Espinel

San Miguel de Los Bancos, 19 de marzo de 2012

Quimera

Ya es hora de que los panes
salgan del horno,
con pies y caminando.

Así podrán dirigirse
y llegar al hogar de aquel que,
por no tener pies,
no puede
¡en sus manos un pan tener!

El capitalismo

Aunque en él he nacido,
he vivido y, tal vez,
en el moriré,
no he entendido nunca
y jamás entenderé,
cómo un centavo
vale más que una sonrisa,
un dólar
más que una amistad.

Cien dólares,
una vida;
mil dólares,
más que un hermano;
diez mil,
más que una familia;
cien mil...
más de lo que imagina

....

Aunque he visto desfilar
más de cuarenta ministros
de finanzas,
y he leído todos los libros
de Economía,
no encontré el párrafo,

o tal vez no entendí
dónde dice
que un millón de dolaritos
americanos
valen más que cien mil niños
nacidos en América Latina.

Soñando...

Ahí viene el corazón
cabalgando en su caballo,
en su corcel de nubes,
en su caballo blanco.

Viene con la bandera
del color del caballo.
Ahí viene el corazón
con el amor en mano.

Mira cómo se abre paso
entre el traidor y el villano,
volviendo, a su paso, inútil
el muro que han levantado.

Será porque son de nubes
las patas de su caballo;
será porque la bandera
tiene el color del caballo.

¡Que temible corazón!
Cómo se va abriendo paso.
Sobre el muro del traidor
arco iris va rayando.

Será porque la bandera
del amor va flameando.

Será porque va a caballo
con el amor en mano.

¡Si pudiera, corazón,
lanzar hasta el cielo un lazo
y en las nubes encontrar
un caballito blanco!

También sería como tú,
con el amor en mi mano,
y pintaría de azul
el muro inútil del villano.

Porque serían de nubes
las patas de mi caballo.
Porque tendría mi bandera
el color de mi caballo.

Porque llevaría siempre
el amor en mi mano.
Porque enseñaría a soñar
aquello que hemos soñado.

LA POBREZA DE MI PATRIA

Bendita sea mi casa
porque siempre
estuvo llena de goteras.
El frío siempre en la cama,
el hambre siempre en la mesa.
Y en el horizonte, a veces,
una esperanza pintada.

Fue escaso el dinero,
pero ello
no logró que me sintiera pobre.
Mas, bendita sea la pobreza,
porque me negó el lujo
de convertirme en inútil.

Pero maldita cuando oprime,
cuando es costumbre en el hombre,
cuando enraíza en un pueblo,
y sus ramas
bajo su sombra lo esconde.

Lo viste de ignorancia,
lo embriaga de miseria
y lo mantiene plasmado
sobre el mural de la muerte.

Maldita cuando es impuesta
por nueve transnacionales.
Por unos cuantos traidores
y otros tantos opresores,
que hacen que corra en la sangre
como cualquier gen dominante.

Pero, sobre todo, maldita
cuando es impuesta
por voluntad propia,
por fanatismo al ocio
y adoradores del facilismo.

Fieles seguidores ciegos
del *complejo de mendigo*.

¡Oh, pobreza, no entiendo!
¿Por qué has nacido y habitas
en estas tierras tan ricas!
¡En estas tierras tan ricas…!

Ciudad

Heme aquí perdido
en un grandioso desierto,
entre ríos de asfalto
y montañas de cemento.

Rodeado por el frío
de millares de siluetas
y el acoso abrumador
de escorpiones de metal.

Entre un aire cargado
de un color negro profundo
y el armónico sonido
del mágico *pitar*.

Ventana

Abrí mi ventana para ver
cómo viven los desesperados,
y vi mil ventanas abiertas
llenas de ojos que miraban.

Al cerrar mi ventana, también
las otras se cerraron.

Oigo el sonido del arroyo.
Oigo el trinar de aves pardas.
Oigo la canción que encanta.
Oigo una voz que me llama.

Y voy corriendo al encuentro
de esa alma pura y santa,
de ese niño tierno y pardo
que su cuidado me encarga.

A Roberto y Jairo

Memoria

Cuando el corazón se olvide de tus besos
y la memoria diga «tu nombre no recuerdo»,
sabrás, entonces, niña,
¡que me ha envuelto el silencio!
Sabrás, entonces, niña,
¡que quien te amaba ha muerto!

Cuando...

¿Cuándo a los pueblos del mundo
les nacerá el brazo legendario,
que tiene el poder y la fuerza
para decapitar al tirano?

¿Cuándo del centro de la tierra
emergerá el monstruo inhumano,
aquel que se embriaga con sangre
de los traidores e infames?

NÉCTAR…

Mañana que despierten
las abejas deseosas
del néctar que producen
las perfumadas flores,
encontrarán su mundo
todo destrozado
por el brazo que busca
un dólar americano.

Serán rayos de luna
mis manos cuando toquen
tu cuerpo delicado,
suave, color de rosa.

Serán gotas de lluvia
mis labios, cuando besen
las extensas sabanas
de tu vientre desnudo.

Será el viento canción
que mi voz ha de susurrarte,
sobre nubes de algodón
donde anidan las aves.

Si acaso algún día el olvido
llegara a invadir tu morada,
y se quedara a vivir por siempre
donde este idilio habitaba,

quizá pueda desvanecer
las palabras, las miradas,
y aun el sabor de los besos
los transformará en nada.

Pero jamás logrará arrancar
de tu mente aquel instante
en que, desnudos y a solas,
fuimos un cuerpo y un alma.

Letargo

Desde el balcón lejano
de mi letargo absurdo,
veo nacer el río
de tu juventud loca.

Quién pondrá barquitos
de papel en tus riberas.
Quién sembrará semillas
de peces que no se mueran.

Has de llegar al mar
y ha de bañarte toda.
Desde el balcón lejano
¡he de besar tu boca!...

Semilla de amor

Sobre una silla dorada,
mirando sin dirección,
se ha sentado un marinero
que a su ocaso llegó.

....

Mira pasar a la niña
que una tarde le ofreció
la pureza de su cuerpo,
la inocencia de su amor.

Va con un niño en brazos,
es sin rostro, sin color;
es el hijo que no tuvo,
el que nunca conoció.

....

Ve una multitud que espera
en las orillas del mar;
ancla su barca, desciende;
ya no los puede tocar.

Es que esperan a otra barca,
una de color azul.

Viene cargada hasta el mástil,
de esperanza y juventud.

....

Mira una barca que parte,
no sabe a dónde, a qué mar.
Cruza corriendo la playa...
Ya no la puede abordar.

Puede que vaya a ese sitio,
donde una tarde sin sol,
nace cada medio siglo:
una semilla de amor.

Puedo sentarme a contemplar el mundo.
Y, sin embargo,
vendría a mi mente
solo tu imagen.

Puedo buscar el canto de las aves.
Y su canto
sería el mágico sonar
de tus palabras.

Puede que el gran creador otra vida me conceda.
Y sin dudarlo,
la volvería a vivir
amándote sin calma.

Aunque nunca vuelvas

Aunque nunca vuelvas, mujer,
alguien te espera.

En el ocaso, en el amanecer.
En la primavera.
Aunque nunca vuelvas, mujer,
alguien te espera.

Pueden pasar los siglos.
Pueden cambiar las eras.
Aunque nunca vuelvas, mujer,
alguien te espera.

En un rincón del mar.
Más allá de la selva...
Aunque nunca vuelvas, mujer,
alguien te espera.

Pueblo…

Hoy he visto pasar el tren de la esperanza.
Esta vacío.
No lleva nada.
Cada vagón era una nube blanca.
Sin olor de humareda.
Sin ruido de maquinaria.

Ha empezado a rondar el pueblo.
¡He despertado!

Llamada

¿Has visto el mar en estos días
plasmado en el panorámico universo?
¡Tal vez no!...

Solo miras las cuatro paredes
de una oficina,
y por la ventana…
un patio forrado de cemento,
frío y duro,
¡como el alma!...

Orgullo

Sé que no puedes quererme
porque lo dicen tus labios.
También sé que me amas
porque lo gritan tus ojos.

Sin embargo:
aunque tus labios quieren
ser besados por mis labios,
y tus manos desean
las caricias de mis manos,
haz de negarlo.

Porque cuando el corazón
le da cabida al orgullo,
el destino del amor
es el camino al destierro.

Alas

Siempre que te sea posible,
deja que tus pasos te acerquen al río.
Junto a él,
permíteles a tus sueños abrir sus alas
e internarse con las aves silvestres
en lo más profundo de la montaña.
Sentirás como el alma se vuelve pura.
Entonces… ama.

A VECES...

A veces te recuerdo
tendida sobre la hierba
como gotas de rocío.
Otras, como nube blanca
pintada en el infinito.

A veces vienes a mí
como ráfaga de llanto;
otras veces como el remanso
donde navega mi calma.

A veces te siento mía,
otras veces tan lejana;
a veces te quiero cerca,
a veces te quiero ausente.

A veces pienso que hay días
en los que puede perderse todo.
A veces creo que uno de ellos
llegó cuando te marchaste.

MANGLAR

Donde comienza el mar
y termina el río.

Sobre los hombros de conchas,
camarones y cangrejos.

Bebiendo del agua dulce,
bañándose entre espuma y sal.

Dicen que vivió un gigante
al que llamaban manglar.

NUEVOS VERSOS... LA MISMA POESÍA

En realidad la guerra es contra el hambre.

No es contra aquellos que piensan
que Dios nació en años distintos.
O contra quien tuvo la suerte
de no haber nacido gringo.

En realidad la guerra es contra el hambre.

No es contra aquel que vive
los sueños del socialismo.
O contra aquel que ha vivido
sobre un subsuelo rico.

No...

En realidad la guerra es contra el hambre.
La del mundo...
La de un niño.

SI ME AMARAS

Cada vez que cierro mis ojos
veo erguida, intacta la montaña.
Tras ella un sueño clama:
¡Ven a mí...! Me llama.

Es el sueño del vuelo libre.

De los juegos inocentes.
De las caricias guardadas.

De los besos escondidos...
«El sueño del amor sin jaulas».

Quisiera, sin embargo,
derribar la montaña.

Hacer trizas el sueño,
quedarme junto a tu cama.

Quisiera no soñar nunca,
si en mi sueño tú me faltas.

Quisiera quedarme siempre
en tu almohada...

¡Si me amaras!

DESPEDIDA

No llores si al amanecer
me encontraras ausente.
Sabe que yo estaré
allí donde tú te encuentres.
Y guardaré este amor
en un copo de nieve.
Que, cuando te queme el sol,
él refresque tu frente.

Solo cuando se pierde la vida,
perder una batalla es perder la guerra.
A cada paso el camino se ensancha,
más gente nos acompaña.
Con solo un pan no saciaremos su hambre.
Se debe multiplicar los panes.

Con llorar la justicia no alcanza.
Debemos empuñar la espada,
que el camino nos abra.
Hay que desempolvar la pluma
que siempre ha escrito esperanza.

Pensamientos / Sentencias

No existe nada más inhumano
que sumergirse, y atarse,
a la fatídica realidad
de actuar en función del dinero.

Cuando es tarde para el amor,
es tarde para todo lo demás.

Mientras sobre una gota de injusticia,
los mares seguirán llenos
de jóvenes dispuestos a armarse
hasta los dientes.

Ciudadano es aquel que constituye
un ladrillo
en el gran edificio del bien común.

Mientras los cargos públicos
sigan siendo utilizados
como pagos a favores personales,
seguiremos sumergidos en la cloaca.

La real problemática latinoamericana
es la ausencia de políticos.
A ellos los han suplido organizadas mafias de saqueo.

No importa qué tan lejos llegues;
si olvidas los pasos dados,
no has ido a ningún sitio.

Mientras los ideales políticos,
a los ojos del pueblo
constituyan una basura,
solo los inescrupulosos ganarán las elecciones,
y desde el trono
seguirán desfalcando sus arcas.

Muñeco de nieve

No es para ti el verano,
escóndete del sol.
Tú vives con los niños,
blanco es tu corazón.

¡Oh, muñeco de nieve!
Tu amigo no es el sol,
es la mano de un niño
formando una ilusión.

Ven, amigo de nieve,
de muerte te ha herido hoy
el calor infernal del mundo.
Ven, no te mueras. No.

No ves que no habrá más niños
dibujando una ilusión.
Si se extingue la nieve,
no veremos más el sol.

CEMENTO…

Como si el cemento fuera
lo que al mundo da vida,
los retrógrados lo riegan
por donde sus ojos miran.

Cemento sobre los lagos.
Cemento sobre los ríos.
Entre cemento se ha perdido el mar.
El cielo azul se ha escondido.

El beso…

La luna, estando en menguante, se vistió de llena.
Y no formaron más galaxias, las estrellas.

El reloj paró sus manecillas.
Mientras, de polinizar,
se olvidan las abejas.

Las nubes se quedaron en tierra.
Los bosques, ya no oxigenan.

…………..

Entonces…

El mar dejó de violentar sus olas,
y el río no besó más sus riberas.

Las luciérnagas, las brisas, los volcanes…
se apagaban.

…………..

Era que nuestras almas se encontraban.

…………..

De par en par se abrieron
las puertas del silencio.
Y salió de su escondite
la emoción más intensa.
Se enlazaron las manos,
se acercaron los cuerpos.
Y sin más alrededor
que el universo,
nació al fin…
nuestro beso.

Si no existieras

A dónde, al llegar la tarde,
me llevarían mis pasos
si no existieras.

De quién me preguntaría el mar
cuando hablamos,
si no existieras.

Si no existieras,
los ventanales no tendrían diferencia
alguna.

Los parques se llenarían de hierba.

Qué sitio embellecerían las flores,
si no existieras.

Qué tendría de hermoso este pueblo
si, en uno de sus barrios polvorientos,
no existieras.

Cambio de vida o muerte

Cambio un árbol por dos niños.
El árbol tiene cien años.
Los niños recién nacidos.
El árbol vale cien dólares.
¿Cuánto pueden valer dos vidas?

El árbol da vida.
Los niños son vida.
El árbol da sombra.
Los niños necesitan sombra.
Pero también algo en la barriga.
Y algo sobre su piel desnuda.

....

Decreto 393...
Quien tale un árbol,
prisión treinta días.

....

¿Y los niños?
Su alimento.
Su ropita.
Sus derechos de pisar la escuelita.
De tener una familia,
una cama, una cobija.

Un ambiente sano.
Un futuro con promesas de vida.

....

Por eso el mundo está caliente.
La tierra está caliente.
No porque el sol
sin sombra de los árboles
la quema inclemente,
sino de ver y escuchar
a tanta gente indolente.

....

El decreto debería decir:
«Por cada árbol talado,
se reforestarán cincuenta».

....

Cuarenta serán financiados
por las transnacionales.
Que lo que tocan contaminan.
Cinco por quienes comercializan la madera.
Tres por todos los medios de transporte.
Uno por el Estado y uno por quien lo tala.
O algo parecido.

....

Mas, si ha de haber prisión,
que sea por lo siguiente:

Prisión para los que contaminan
un gramo más del oxígeno que purifican.

....

Así, los hijos de los nietos
de los nietos
de los hijos
de los hijos
de los dos niños,
abrazarán gustosos a los cedros,
a los ceibos, a los aguacatillos,
a los canelos amarillos,
y volverán a llamar hermanos
a los caobas, a los copales,
a los robles, a los caimitillos.

....

Y volverán a entender,
como hace tiempo,
el lenguaje que inventó
la Pachamama.

La intolerancia

Un millón de años luz
después del hombre,
mientras sobrevolaba
el cielo,
el más sabio ejemplar
de la nueva especie,
en su memoria RAM,
recopiló estos datos:

«No más cubanos»,
escrito en las paredes
de las calles
de una ciudad ecuatoriana.

«No más latinos»,
sobre el tren magnético que cruzaba,
de norte a sur,
y de este a oeste,
la Unión Europea.

Guerra a los árabes, a colombianos,
socialistas, amarillos.

En cada extremo de un pentágono
de mil puntas.

No musulmanes.
No más rabinos.
Ni ortodoxos ni cristianos.

Mueran ateos,
en jeroglíficos
marcados en los templos
petrificados por las bombas
rabiactivas.

No más hermanos.
No más humanos.

No puedo ver, no puedo oír, no puedo hablar
con un humano
en un rezago de gen analizado
del brazo izquierdo,
par catorce.

Del cromosoma
que, en un pedazo de hielo,
se ha pegado.

Venid, meteoro; el paso
a una nueva especie dadle.

Escrito con misiles personales,
sobre lo que se dice que un día fueron
grandes ciudades.

....

Cuando llegó a su cueva,
temblando,
escribió esta frase en la pared
de arriba:

<<Teoría de la extinción humana.>>

Y, al cerrar sus ojos,
miró cien mil millones de velas
encendidas,
sujetas por los últimos humanos
que oraban,
pidiéndole a su dios, borre la clave
que activa
las doscientas mil millones
de bombas radiactivas.

Un segundo después brilló una luz.
Y se hicieron invisibles.

La minga

¡Ven, amigo, a mi puerto!
¡Construyamos un camino
donde los pasos puedan
caminar sin prisa!...

ÍNDICE

Printed by Books on Demand GmbH, Norderstedt / Germany